¿CÓMO SE MIDE EL TIEMPO?

Robert E. Wells

Editorial Juventud

Para mis suegros, Jess y Lavaun Dunning, que han dedicado mucho de *su* tiempo en promover la paz y la justicia.

Título original: HOW DO YOU KNOW WHAT TIME IT IS?
Escrito e ilustrado por Robert E. Wells
© Texto e ilustraciones: Robert E. Wells, 2002
Publicado por acuerdo con Albert Whitman & Company, Illinois

© Edición castellana:
EDITORIAL JUVENTUD, S. A. 2003
Provença, 101 - 08029 Barcelona
e-mail: info@editorialjuventud.es
www.editorialjuventud.es

Traducción de Élodie Bourgeois
Primera edición, 2003
Depósito legal: B. 3733-2003
ISBN 84-261-3287-1
Núm. de edición de E. J.: 10.167
Impreso en España - Printed in Spain
Ediprint, c/ Llobregat, 36 - 08291 (Ripollet)

Otros libros de Robert E. Wells en la misma colección

¿Hay algo más grande que una ballena azul?
¿Hay algo más pequeño que una musaraña?

El TIEMPO es algo misterioso.
No puedes *verlo*. No puedes *oírlo*.
No puedes atraparlo con una red y ponerlo
en un tarro. Pero sabes que el tiempo existe,
porque puedes sentir cómo pasa.

En cierto modo, el tiempo es como el viento.

No puedes ver el viento, pero puedes ver qué pasa cuando sopla.

Las cometas vuelan en el aire,

las nubes se mueven en el cielo,

y los barcos navegan en el mar.

Y puedes ver qué ocurre cuando pasa el tiempo.

Las flores se transforman en manzanas,

los oseznos se convierten en osos,

y las orugas en mariposas.

Pero el tiempo es más misterioso que el viento.

Es tan misterioso que ni los más grandes pensadores y científicos pueden explicar exactamente qué es.

Pero aun así, es un misterio que podemos medir.

No lo podemos medir con una cinta métrica, claro. Esto es lo que utilizarías para medir un caimán.

Un RELOJ puede medir el tiempo.
¡Pero antes no había relojes!

Hace mucho, mucho tiempo, la gente medía el tiempo con el Sol.

Observaban la posición del Sol a medida que se movía en el cielo,

y muy pronto la gente pudo saber de cuánto tiempo disponía para recoger comida o leña antes de que oscureciera.

**Nuestros ancestros no sabían
por qué el Sol aparecía y desaparecía.**

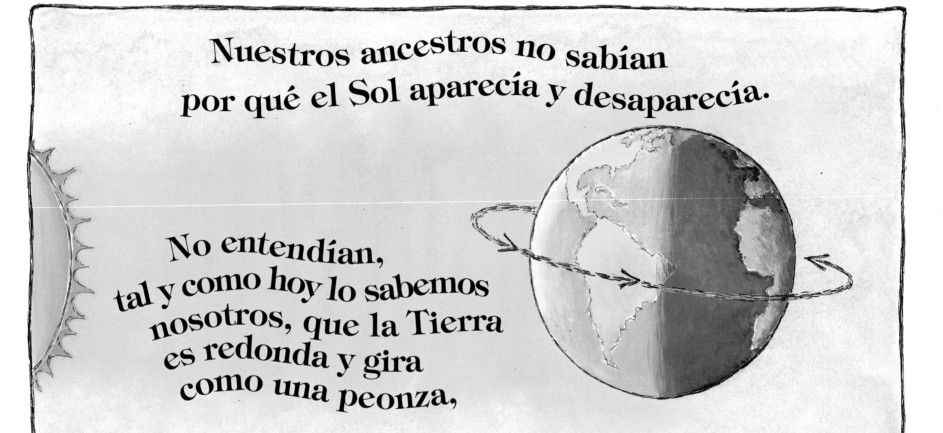

**No entendían,
tal y como hoy lo sabemos
nosotros, que la Tierra
es redonda y gira
como una peonza,**

**y que la parte que está frente al Sol está iluminada
y la otra parte está en la oscuridad.**

Más adelante, se idearon unos métodos sencillos para medir el tiempo.

Los egipcios utilizaron los GNOMONES.
Al moverse el Sol en el cielo, la sombra de un simple palo se desplazaba en el suelo y unas piedras servían de marcadores.

Por la noche, usaban CLEPSIDRAS.
El agua caía de un cuenco a otro, ambos grabados con marcas para medir el tiempo.

PLOC PLOC
PLOC PLOC
PLOC
PLOC

Los egipcios fueron de los primeros en dividir el tiempo en horas.

Muchos siglos después, en Europa, los RELOJES SOLARES medían las horas con más precisión que los gnomones,

y los RELOJES DE ARENA medían el tiempo dejando caer la arena.

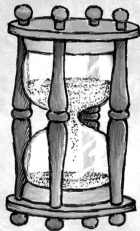

MECANISMO DE ESCAPE: LAS PIEDRAS OSCILAN, MOVIENDO CADA VEZ UN DIENTE DEL ENGRANAJE.

AL BAJAR LA PESA, EL ENGRANAJE DEL REJOJ GIRA.

En 1300, los RELOJES MECÁNICOS podían medir el tiempo gracias a engranajes y pesas.

Los primeros relojes tenían una manecilla que marcaba las HORAS. No podían medir los minutos con precisión.

Más adelante, se añadieron los PÉNDULOS.

A CADA BALANCEO DEL PÉNDULO, SE MUEVE UN DIENTE DEL ENGRANAJE.

El péndulo, al balancearse a un ritmo casi regular de un lado a otro, regula perfectamente la velocidad del reloj.

Con los péndulos, los relojes podían medir los minutos, ¡y hasta los SEGUNDOS!

Hoy en día, gracias a los cristales de cuarzo, un pequeño reloj de muñeca puede ser más preciso que el mejor reloj de péndulo.

Pero son los relojes atómicos los que ahora dan la hora oficial en el mundo.

NUEVA

Mientras que el sol ayudaba a nuestros antepasados a medir los días, las formas cambiantes de la Luna también les ayudaban a calcular los meses.

LLENA

NUEVA

En Egipto, las crecidas regulares del Nilo eran todo un acontecimiento porque el agua traía tierra nueva a los campos.

Los egipcios empezaron a medir cuánto tiempo pasaba entre las lunas para poder pronosticar cuándo llegarían las inundaciones.

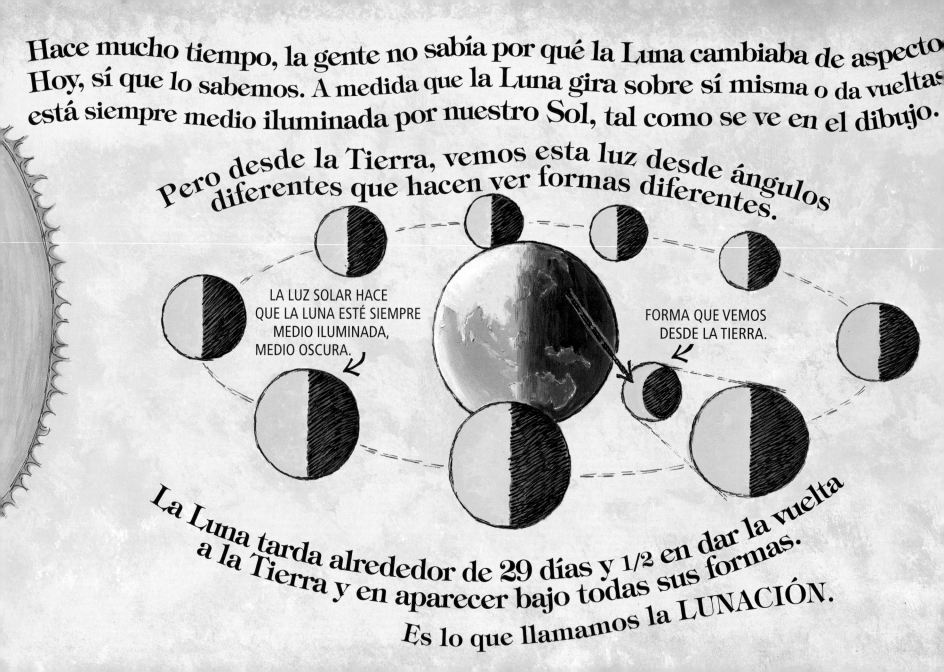

Hace mucho tiempo, la gente no sabía por qué la Luna cambiaba de aspecto. Hoy, sí que lo sabemos. A medida que la Luna gira sobre sí misma o da vueltas está siempre medio iluminada por nuestro Sol, tal como se ve en el dibujo.

Pero desde la Tierra, vemos esta luz desde ángulos diferentes que hacen ver formas diferentes.

LA LUZ SOLAR HACE QUE LA LUNA ESTÉ SIEMPRE MEDIO ILUMINADA, MEDIO OSCURA.

FORMA QUE VEMOS DESDE LA TIERRA.

La Luna tarda alrededor de 29 días y 1/2 en dar la vuelta a la Tierra y en aparecer bajo todas sus formas.

Es lo que llamamos la LUNACIÓN.

Los egipcios vieron que pasaban casi 12 lunaciones entre cada inundación. Hicieron un CALENDARIO LUNAR, dividiendo las 12 lunaciones en 3 ESTACIONES: Inundación, Siembra y Cosecha.

Pero descubrieron rápidamente que tenían que añadir más días a los calendarios, porque las 12 lunaciones eran 11 días más cortas que el ciclo de las estaciones, o que un año.

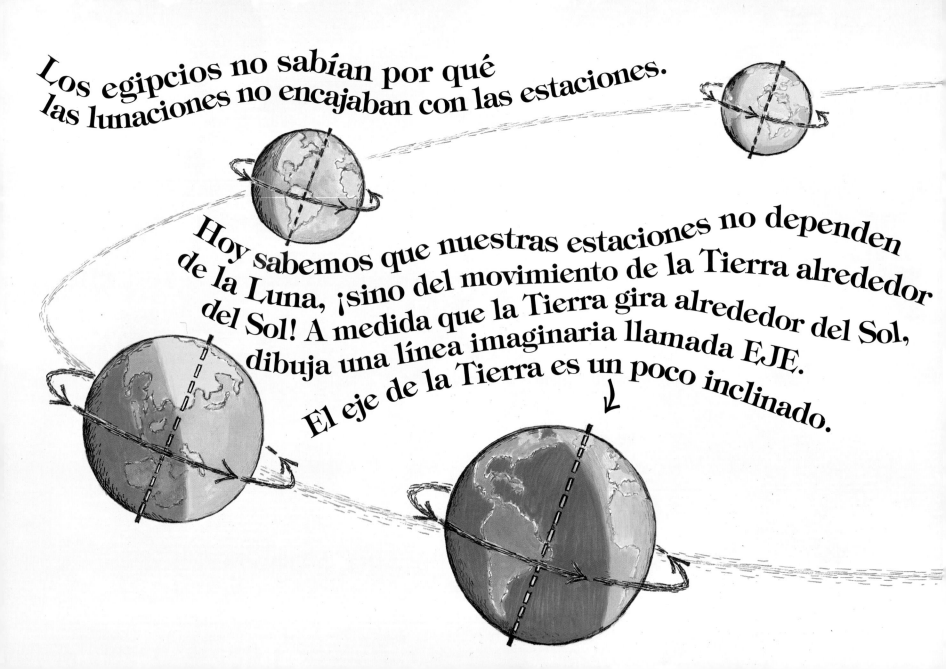

Los egipcios no sabían por qué las lunaciones no encajaban con las estaciones.

Hoy sabemos que nuestras estaciones no dependen de la Luna, ¡sino del movimiento de la Tierra alrededor del Sol! A medida que la Tierra gira alrededor del Sol, dibuja una línea imaginaria llamada EJE. El eje de la Tierra es un poco inclinado.

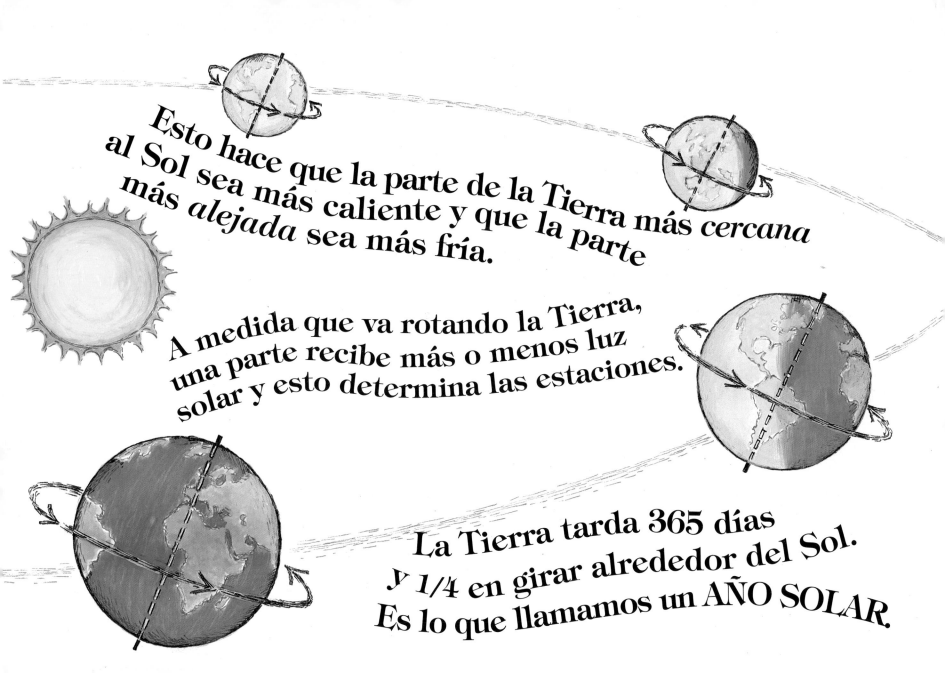

Esto hace que la parte de la Tierra más cercana al Sol sea más caliente y que la parte más alejada sea más fría.

A medida que va rotando la Tierra, una parte recibe más o menos luz solar y esto determina las estaciones.

La Tierra tarda 365 días y 1/4 en girar alrededor del Sol. Es lo que llamamos un AÑO SOLAR.

Más adelante, los egipcios empezaron a usar el CALENDARIO SOLAR.

Sabían que la estrella Sirius siempre aparecía por la mañana justo antes de las inundaciones. Entonces, decidieron que este día marcaría el comienzo de cada año.

Como Sirius aparece en esta posición una sola vez durante la órbita de la Tierra,

calcularon que se tardaba 365 días para llegar a un año. ¡Solo se equivocaron de 1/4 de día!

Durante el imperio de Julio César,
los romanos empezaron a usar
el calendario solar egipcio.

En el año 46 a.C., César añadió un día
más al mes de febrero cada 4 años
para recuperar el cuarto de día.

Hoy nuestro calendario es casi perfecto, y con los relojes atómicos podemos saber la hora exacta en cualquier parte del mundo.

Sin embargo, como en una parte de la Tierra es de DÍA y la otra es de NOCHE,

sería confuso si los relojes de todo el mundo marcaran la misma hora.

¡Algunos estarían almorzando por la noche!

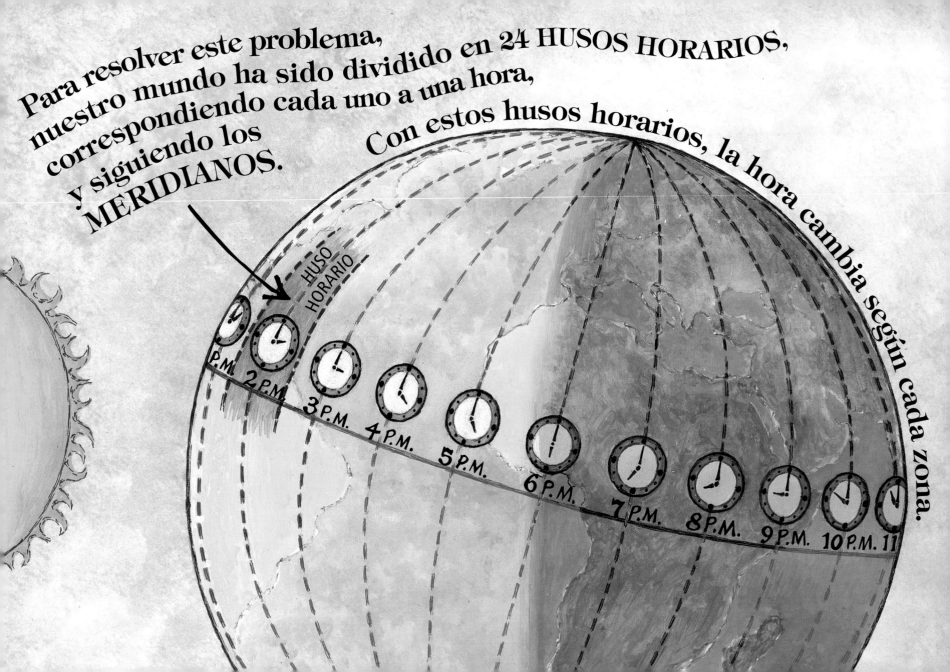

Para resolver este problema, nuestro mundo ha sido dividido en 24 HUSOS HORARIOS, correspondiendo cada uno a una hora, y siguiendo los MERIDIANOS.

Con estos husos horarios, la hora cambia según cada zona.

HUSO HORARIO

P.M.
2 P.M.
3 P.M.
4 P.M.
5 P.M.
6 P.M.
7 P.M.
8 P.M.
9 P.M.
10 P.M.
11

En general, los husos horarios son delimitados por los meridianos, pero a veces zigzaguean alrededor de las ciudades o de los países para no dividirlos.

LÍNEA QUE DIVIDE EL HUSO HORARIO.

9 A.M.

10 A.M.

Si tienes una pierna en cada uno de los husos, ¡pueden ser las 9 h en tu pie derecho y las 10 h en tu pie izquierdo!

BARCELONA

MÉXICO

-R-R-R-RING-G-G-G-

Y si estás en Barcelona a las 12 h de la mañana, no se te ocurra llamar a tu amigo de México para charlar. ¡Son las 4 h de la noche allá!

¡El tiempo sigue su camino!

Hasta el siglo XVII, el RELOJ SOLAR fue nuestro cronómetro más preciso; luego esta precisión fue mejorada con el RELOJ DE PÉNDULO.

Al principio del siglo XX, los científicos descubrieron que cuando se conecta electricidad a unos cristales de cuarzo, se producen oscilaciones que dan una medida del tiempo precisa. A partir de entonces se pueden realizar pequeños relojes que son mucho más exactos que los relojes de péndulo.

LOS RELOJES ATÓMICOS, que cuentan las vibraciones de los átomos de cesio, fueron inventados a mediados del siglo XX, y son ahora los cronómetros oficiales de la Tierra.

LOS HUSOS HORARIOS permiten a cada zona particular del mundo tener una hora estándar. Gracias a un acuerdo internacional en 1884, el primer huso, o MERIDIANO CERO, pasa por Greenwich (Inglaterra). Al oeste del meridiano cero, cada huso corresponde a una hora menos y al este a una hora más. En la otra parte del mundo está la LÍNEA INTERNACIONAL (o meridiano central), el meridiano 180°. Cruzando esta línea, un viajero pasa de un día a otro.

Hoy, no importa dónde vayas, de una cosa puedes estar seguro: ¡nuestro mundo siempre va a la hora exacta!